Les recettes et les textes sont
de Laurence DALON.

Les photographies sont de
SAEP/Jean-Luc SYREN et Valérie WALTER.

Le graphisme et la mise en page sont
d'Élisabeth CHARDIN.

La coordination a été assurée par
SAEP/Éric ZIPPER.

Composition et photogravure
SAEP/Arts Graphiques.

Impression : Union Européenne.

Conception : SAEP CRÉATION
68040 INGERSHEIM - COLMAR

Laurence Dalon

Espumas et siphon

Introduction

Le siphon simplifie la vie des cuisiniers et des cuisinières : mousses trois chocolats minute, sauces mousseuses et appétissantes accompagnant poissons ou coquillages, verrines multicouche, desserts vite prêts...

L'évocation du seul exemple de la mousse au chocolat laisse envisager la multitude de possibilités de cet ustensile. Sans siphon, une mousse au chocolat ne doit sa tenue qu'aux blancs d'œufs montés en neige. Avec un siphon, plusieurs solutions s'offrent à nous grâce à l'action conjointe de l'injection de gaz et de l'effet texturant des ingrédients (matières grasses, chocolat, fromage blanc...).
Mousse au chocolat sans œuf ? On mélange de la crème, du lait et du chocolat.
Mousse au chocolat blanc ou au lait difficile à réussir ? Si l'on respecte les proportions, au siphon, on la réussit à tous les coups.
Mousse au chocolat superlight ? On mélange du lait et du chocolat en augmentant la dose de ce dernier.
Mousse au chocolat parfumée à la framboise ? On remplace le lait par du coulis de framboises.
Les combinaisons sont infinies...

Auteur d'un premier livre sur les espumas et passionnée par cette technique, j'aime tester de nouvelles recettes, trouver de nouveaux « p'tits trucs » et rendre accessible le siphon à tous les cuisiniers et cuisinières désireux de le maîtriser.
Je conseille, quand on débute, de réaliser des recettes simples comme une chantilly ou une mousse de fruits (crème + coulis). On se familiarisera ainsi avec l'ustensile.

6

Les espumas c'est facile !

Première étape : composer le mélange

À l'origine, le siphon à chantilly n'est utilisé qu'avec de la crème liquide entière, c'est-à-dire une crème à 30 % de matières grasses. Dans ce cas, la chantilly au siphon est inratable ! Avec de la crème allégée (15 % de matières grasses), la chantilly n'a plus de tenue. Tout n'est que question de proportion. Grâce à l'utilisation de gélifiant, on peut réaliser des espumas à partir de jus de fruits. Lorsque le mélange comporte une certaine quantité de matière grasse, on peut réduire la quantité de gélifiant.

Pour la confection d'espumas chaudes, on augmente la quantité de gélifiant en utilisant notamment de l'agar-agar. Personnellement, je n'aime pas utiliser l'agar-agar à chaud car, lorsque l'espuma refroidit, elle se fige et prend un aspect d'éponge. Je préfère donc utiliser de la crème, qui donne des mousses qui ont certes moins de tenue mais n'ont pas cet aspect peu appétissant au refroidissement.

– Mes produits fétiches

La gélatine est une substance d'origine animale. On la fait tremper dans de l'eau froide puis on la presse pour éliminer l'eau et on l'ajoute à une préparation chaude pour une dissolution complète. Le poids des feuilles de gélatine peut varier selon les marques. Il faut donc adapter les quantités. Le poids des feuilles de gélatine figure généralement sur les emballages.

Je me suis progressivement intéressée à l'utilisation de l'agar-agar, qui est un ingrédient d'origine végétale et moins onéreux. Il s'agit d'un gélifiant provenant d'une algue rouge. On peut l'acheter dans les épiceries asiatiques. Le procédé d'utilisation diffère de la gélatine puisque l'on ajoute l'agar-agar dans la préparation froide, que l'on chauffe en remuant. L'utilisation de l'agar-agar est délicate car les quantités nécessaires sont infimes.

– Mes p'tits trucs

Pour les espumas froides à base de gélatine, je déconseille de faire chauffer la totalité du liquide notamment les jus de fruits qui perdent en saveur. On ne chauffe qu'une petite quantité de liquide dans laquelle on dissout la gélatine et on ajoute le reste de liquide froid.

Pour se familiariser à l'utilisation de l'agar-agar, je conseille de tester la quantité nécessaire à la réalisation d'un siphon. Pour ce faire, on diluera une petite quantité d'agar-agar dans 40 cl d'eau. On chauffe le tout en remuant et l'on maintient l'ébullition pendant 1 minute. On laisse ensuite refroidir pour observer l'aspect du mélange. On doit obtenir une consistance de coulis. On peut transvaser le mélange dans le siphon pour constater si la texture désirée de l'espuma est atteinte.

Deuxième étape : mixer

L'étape du mixage est généralement indispensable à la confection des espumas. On peut s'en soustraire en utilisant des produits déjà réduits en purée et ne contenant plus de morceaux (fromage blanc, yaourts, coulis de fruits, sorbets...). Le mixeur me sert pour ces produits-là simplement à mélanger.

La consistance souhaitée doit être celle d'un coulis : ni trop liquide ni trop ferme. Il faudra donc ajouter si nécessaire un peu de liquide pour obtenir la tenue souhaitée.

– Choisir son mixeur

Je préfère le mixeur plongeant pour sa praticité : on peut le plonger dans toutes les préparations et cela évite de générer trop de vaisselle ! Le mixeur doit être puissant pour que l'opération soit efficace.

– Mes produits fétiches

Je possède un grand nombre de verres doseurs gradués en plastique qui me permettent de réaliser mes préparations. Je peux ainsi doser précisément grâce aux graduations, réaliser les mélanges directement à l'aide du mixeur plongeant et verser les préparations dans le siphon sans bavures, grâce au bec verseur. Ces contenants ont un coût minime.

– Mes p'tits trucs

Lorsque je mixe mes préparations, j'incline le bol et le mixeur pour un résultat optimal. Si la quantité de liquide est insuffisante, l'opération de mixage sera imparfaite.

Troisième étape : filtrer

– Choisir le bon filtre

Filtrer une préparation est une opération indispensable à la réussite d'une espuma. Le moindre morceau de sucre ou pépin de fruit non dissous peut boucher le siphon. Le contenu s'évacue alors par giclées, le siphon étant sous pression. Dans ce cas, je conseille d'essayer de purger le siphon dans un évier, de filtrer le mélange restant et de nettoyer correctement le siphon en démontant les différentes parties de la tête de l'appareil.

Il vaut donc mieux filtrer correctement les préparations dès le départ à travers un filtre suffisamment fin. On peut s'aider d'une cuillère pour accélérer le passage de la préparation à travers le filtre. On choisira une petite passoire en matière plastique pour éviter les phénomènes d'oxydation provoqués par les jus acides de fruits ou de légumes.

– Mes produits fétiches

Les coulis de fruits ou les sorbets permettent de remplacer les préparations brutes à base de fruits qu'il faut filtrer. On réajuste la quantité de sucre puisque ces produits en contiennent déjà. J'aime particulièrement utiliser les coulis de framboises, de passion-mangue ou les sorbets aux fruits de la passion, qui remplacent avantageusement les jus de fruits, trop longs à réaliser.

– Mes p'tits trucs

Il est toujours préférable de filtrer une préparation tiède ou chaude plutôt qu'une préparation froide.

Jean-François m'a confié son p'tit truc. Il utilise un filtre à café permanent dont il mixe le contenu avec le mixeur plongeant à faible vitesse. Pour les produits longs à filtrer, l'opération de filtrage se réalise alors en un tour de main.

Quatrième étape : « siphonner »

– Choisir le bon siphon

Il existe plusieurs sortes de siphons qui diffèrent selon la contenance, le revêtement intérieur et la présence d'une double paroi.

Pour une ménagère, un siphon de 0,5 l me semble idéal pour une famille de 4 à 6 personnes.

Le revêtement en inox est préférable car certains ingrédients peuvent être oxydants comme les jus de fruits, le vinaigre.

Le siphon à double paroi permet aux restaurateurs de conserver un mélange à même température durant un service, ce qui ne me paraît pas nécessaire pour la ménagère. De plus, en raison de son inertie thermique, le siphon devra être rempli du mélange à la température à laquelle on souhaitera le servir. Ceci nécessite plus de manipulations puisqu'il faut attendre que le produit soit à bonne température pour le verser dans le siphon. Les recettes qui suivent ont été prévues pour un siphon simple, sans double paroi.

– À faire avant utilisation

- Vérifier que le joint est bien en place.
- Fermer le siphon.
- Visser le porte-cartouche muni d'une cartouche.
- Bien secouer le siphon tête vers le bas.

– Mes produits fétiches

Les sauces toutes prêtes surgelées (de qualité !) que j'allonge avec du bouillon de volaille, du fumet de poisson ou de la crème. Je prépare ainsi en un tour de main d'appétissantes espumas qui accompagnent poissons et viandes.

– Mes p'tits trucs

Je conseille de toujours faire un essai sur une petite assiette juste avant le service. Si le siphon est bouché, cela vous évitera de retapisser votre salle à manger !

Les erreurs possibles au siphon : problèmes et remèdes

Lorsque l'on actionne le piston, **la préparation est trop liquide :** la quantité de gélifiant utilisée est insuffisante et/ou la préparation ne contient pas assez de matière grasse et/ou l'on n'a pas assez secoué le siphon avant utilisation.

Lorsque l'on actionne le piston, **la préparation ne sort pas mais du gaz s'en échappe :** la préparation est prise en masse. Cet inconvénient peut survenir lorsque la préparation contient une trop grande quantité de gélifiant. Ce problème apparaît également lorsque l'on a trop secoué une préparation contenant une quantité importante de matière grasse.

Du gaz s'échappe au niveau du pas de vis : le joint a été oublié ou il est mal placé.

La préparation sort difficilement et/ou par giclées : un élément solide bouche le siphon.

La préparation sort avec une trop forte pression : il y a une trop forte pression dans l'appareil. Réduire le nombre de cartouches utilisées lors d'une prochaine utilisation.

La préparation sort facilement mais elle **continue de sortir même lorsque l'on n'appuie plus sur la poignée :** le joint est mal inséré ou la tête du siphon est mal nettoyée. Lors d'une prochaine utilisation, retirer le joint et les éléments de la tête, bien les nettoyer et replacer le tout correctement.

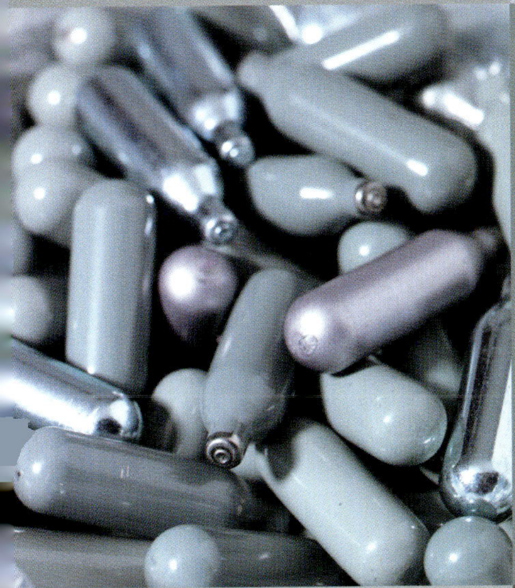

Millefeuille de foie gras, fruits secs et confiture d'oignons

Pour 4 personnes
Moyenne / Chère
Préparation : 20 minutes
Cuisson : 20 minutes
Repos : 1 heure

Feuilletage
- 200 g de pâte feuilletée pur beurre.

Mousse au foie gras
- 160 g de foie gras de canard
- 240 g de crème fraîche liquide
- Sel, poivre.

Dressage
- 1 cuil. à soupe de miel
- 25 g d'amandes
- 25 g de raisins secs
- 25 g de noisettes
- 25 g de noix décortiquées
- 4 cuil. à soupe de confiture d'oignons
- Sucre glace pour la décoration.

- Préparer le feuilletage : étaler la pâte sur une épaisseur de 5 mm. Découper 12 rectangles de 12 cm sur 5 cm. Placer sur une plaque et cuire pendant 12 minutes à 210 °C (th. 7). Laisser refroidir.
- Préparer la mousse au foie gras : mixer le foie gras et la crème chaude. Goûter et rectifier l'assaisonnement. Filtrer en versant dans le siphon. Fermer et insérer 1 cartouche de gaz. Bien secouer et placer au frais pendant 1 heure.
- Dresser : mélanger le miel et les fruits secs. Étaler sur une plaque à pâtisserie et cuire à 210 °C (th. 7) pendant 5 à 7 minutes. Laisser refroidir puis concasser grossièrement.
- Au moment de servir, étaler une fine couche de confiture d'oignons sur 8 rectangles de pâte feuilletée. Parsemer de fruits secs concassés et répartir l'espuma. Superposer les rectangles deux à deux et recouvrir par un rectangle de pâte feuilletée. Parsemer de sucre glace à travers une passoire fine et servir de suite.

Crème d'asperges en cappuccino glacé et saumon fumé

Pour 6 personnes
Facile / Chère
Préparation : 20 minutes
Cuisson : 20 minutes
Repos : 30 minutes

Ingrédients
- 250 g d'asperges blanches
- 60 cl de bouillon de légumes
- 60 g de mascarpone
- 1 cuil. à soupe de crème fraîche épaisse
- 100 g de saumon fumé
- Sel, poivre.

- Couper l'extrémité des asperges puis les éplucher en insistant sur les parties dures. Couper les pointes à 5 cm. Plonger les asperges dans le bouillon et laisser cuire environ 20 minutes. Retirer les pointes à 15 minutes et les répartir dans de petites tasses. Garder le bouillon de cuisson pour détendre le cappuccino.
- Mixer les parties dures avec le mascarpone, la crème fraîche épaisse et du bouillon pour obtenir une consistance de coulis. Goûter et rectifier l'assaisonnement. Filtrer en versant dans le siphon. Fermer et laisser refroidir pendant 30 minutes au frais. Insérer 1 cartouche de gaz et bien secouer.
- Répartir le cappuccino dans les tasses. Garnir avec le saumon fumé coupé en lanières et servir de suite.

Gaspacho d'avocat sur crabe et pamplemousse

Pour 6 personnes
Facile / Chère
Préparation : 15 minutes

Ingrédients
- 2 avocats bien mûrs
- Le jus de 1 citron
- 2 cuil. à soupe de mayonnaise
- 25 cl de lait
- 1 pamplemousse
- Quelques gouttes de Tabasco
- 100 g de crabe décortiqué
- Sel, poivre.

- Peler les avocats et les couper en deux pour éliminer les noyaux. Mixer la chair avec le jus de citron, la mayonnaise et le lait. Saler. Filtrer en versant dans le siphon. Fermer et insérer 1 cartouche de gaz.
- Peler le pamplemousse à vif et prélever les suprêmes en passant un couteau à dent entre la chair et la peau. Mélanger les quartiers de pamplemousse, la chair de crabe et le Tabasco. Goûter et rectifier l'assaisonnement si nécessaire. Disposer dans des verrines. Saler et poivrer. Bien secouer le siphon et répartir le gaspacho. Servir de suite.

Crème d'asperges
en cappuccino glacé
et saumon fumé

Saumon mariné à la crème, tomates confites et pourpier

Pour 4 personnes
Facile / Chère
Préparation : 10 minutes

Ingrédients
- 150 g de cream cheese
- 10 cl de lait
- 12 tomates confites
- 150 g de pourpier
- 400 g de filet de saumon mariné
- 1 filet d'huile d'olive
- Sel, poivre.

- Mixer le cream cheese et le lait. Goûter et rectifier l'assaisonnement. Verser dans le siphon. Fermer et insérer 1 cartouche de gaz. Bien secouer et placer au frais.
- Détailler les tomates confites en petits cubes.
- Laver le pourpier et l'essorer.
- Détailler des tranches fines de saumon que l'on dépose au fond des verrines. Répartir l'espuma sur le saumon et parsemer de dés de tomate confite. Disposer le pourpier dans les verrines et arroser d'un filet d'huile d'olive.

Note : *il existe des cream cheeses qui sont plus ou moins secs. La préparation doit avoir la consistance de coulis. Ajouter si nécessaire un peu de crème pour obtenir cette texture.*

Suggestion : *on peut remplacer le pourpier par de la roquette.*

Tartare de daurade aux fruit de la passion, espuma à l'orange

Pour 6 personnes
Facile / Raisonnable
Préparation : 15 minutes
Repos : 2 heures 30 minutes

Ingrédients
- 1 feuille de gélatine
- 3 oranges
- 1 citron
- 400 g de filet de daurade
- 1 fruit de la passion
- 2 cuil. à soupe d'huile d'olive
- Sel, poivre.

- Faire tremper la feuille de gélatine dans de l'eau froide. Presser les oranges et en recueillir le jus. On doit obtenir 25 cl de liquide. Presser un demi-citron et le faire chauffer pour y dissoudre la feuille de gélatine pressée. Ajouter au jus d'orange et filtrer en versant dans le siphon. Fermer et insérer 1 cartouche de gaz. Bien secouer et placer au frais pendant 2 heures.
- Parer les filets de dorade en retirant les arêtes et les parties dures. Couper en cubes et disposer dans un saladier. Couper le fruit de la passion en deux et vider son contenu sur le poisson. Ajouter le jus du demi-citron restant ainsi que l'huile d'olive. Mélanger, saler, poivrer et laisser reposer au moins 30 minutes.
- Disposer le tartare au fond des verrines et recouvrir d'espuma à l'orange. Décorer avec des zestes d'orange et servir de suite.

Saumon mariné à la crème,
tomates confites
et pourpier

recette coup de cœur

Mousse de gorgonzola au chutney de fruits secs

Pour 4 personnes
Facile / Raisonnable
Préparation : 15 minutes
Cuisson : 35 minutes
Repos : 30 minutes

Ingrédients
- 1 cuil. à soupe de sucre en poudre
- 1 noix de beurre
- 4 cuil. à soupe de vinaigre blanc
- 4 figues séchées
- 4 abricots secs
- 1 orange non traitée
- 5 cl de porto
- 150 g de gorgonzola
- 2 yaourts brassés de 125 g chacun
- 5 cl de lait
- 50 g de spéculoos
- Quelques noisettes pour la décoration
- Sel, poivre.

- Faire caraméliser le sucre à sec dans une casserole à feu doux. Quand il a une belle couleur ambrée, ajouter le beurre. Déglacer avec le vinaigre et cuire tout en remuant jusqu'à avoir un mélange lisse.
- Supprimer les pédoncules des figues et les couper en dés ainsi que les abricots. Prélever le zeste de l'orange et ajouter le tout au caramel. Mouiller avec le porto. Cuire 30 minutes à couvert en remuant de temps en temps. Laisser refroidir.
- Mixer le gorgonzola, les yaourts et le lait. Goûter. Saler si nécessaire. Verser dans le siphon, fermer et insérer 1 cartouche de gaz. Bien secouer et placer au frais pendant environ 30 minutes.
- Émietter les spéculoos au fond des verrines, répartir le chutney de fruits secs et ajouter la mousse de gorgonzola. Donner un tour de moulin à poivre. Décorer avec des éclats de noisette grillés et servir de suite.

Foie gras poêlé, touron et écume de framboise acidulée

Pour 4 personnes
Facile / Chère
Préparation : 15 minutes
Cuisson : 5 minutes
Repos : 2 heures

Ingrédients
- 1 feuille de gélatine
- 10 cl de vinaigre de vin
- 15 cl de coulis de framboises
- 1 cuil. à soupe de farine
- 4 escalopes de foie gras d'oie
- 50 g de touron en pâte
- Sel, poivre.

- Faire tremper la feuille de gélatine dans l'eau froide.
- Faire chauffer 5 cl de vinaigre et le coulis de framboises. Ajouter la feuille de gélatine pressée. Bien mélanger. Porter à ébullition tout en remuant. Filtrer en versant dans le siphon. Fermer et insérer 1 cartouche de gaz. Bien secouer et placer au frais pendant 2 heures.
- Saler, poivrer et fariner légèrement les escalopes de foie gras. Faire chauffer une poêle à feu très vif et y faire revenir le foie gras des deux côtés en le gardant rosé. Retirer les escalopes et les garder au chaud. Dégraisser la poêle si nécessaire et déglacer avec le reste de vinaigre.
- Dresser le foie gras sur les assiettes, parsemer de touron émietté et accompagner d'écume de framboise acidulée.

Verrine figue, miel, parme et brebis

Pour 4 personnes
Facile / Raisonnable
Préparation : 10 minutes
Cuisson : 15 minutes

Ingrédients
- 6 figues fraîches
- 2 cuil. à soupe de miel
- 1 cuil. à soupe de vinaigre balsamique
- 150 g de fromage frais de brebis
- 10 cl de lait
- 100 g de jambon de Parme en chiffonnade
- Sel, poivre.

- Couper les pédoncules des figues puis inciser le sommet des fruits en quatre. Mettre dans un plat allant au four. Faire chauffer le miel pour l'assouplir et mélanger avec le vinaigre balsamique. Verser cette préparation sur les figues et les mettre au four à 210 °C (th. 7) pendant 15 minutes en arrosant souvent. Laisser tiédir.
- Détendre le fromage de brebis avec le lait en mixant. Goûter et saler si nécessaire. Verser dans le siphon en filtrant. Fermer et insérer 1 cartouche de gaz. Bien secouer.
- Déposer au fond de chaque verrine une couche de 1,5 cm d'espuma de brebis. Déposer la figue et répartir la chiffonnade de jambon de Parme. Donner un tour de moulin à poivre et servir de suite.

Foie gras poêlé, touron et écume de framboise acidulée

recette vite fait !

Velouté crémeux de topinambours aux huîtres

Pour 4 personnes
Facile / Chère
Préparation : 15 minutes
Cuisson : 30 minutes

Ingrédients
- 300 g de topinambours
- 20 cl de bouillon de volaille
- 10 cl de crème fraîche liquide
- 15 cl de lait
- 1 douzaine d'huîtres
- Sel, poivre.

- Éplucher les topinambours, les laver et les couper en morceaux. Placer dans une casserole avec le bouillon de volaille, le lait tiède et cuire 30 minutes à couvert. Mixer et ajouter la crème. Goûter et rectifier l'assaisonnement. Chauffer à nouveau puis filtrer en versant dans le siphon. Fermer et insérer 1 cartouche de gaz. Bien secouer et verser dans des assiettes creuses. Décorer avec les huîtres et servir de suite.

Cabillaud à l'andouille et beurre blanc mousseux

Pour 4 personnes
Facile / Raisonnable
Préparation : 10 minutes
Cuisson : 18 minutes

Ingrédients
- 600 g de dos de cabillaud coupé en 4 morceaux
- 8 tranches d'andouille de Vire
- 2 échalotes
- 5 cl de vinaigre de vin
- 10 cl de vin blanc sec
- 15 cl de crème fraîche liquide
- 50 g de beurre
- Sel, poivre.

- Barder le poisson d'andouille de Vire et faire tenir à l'aide d'un cure-dent. Placer dans un plat allant au four et cuire à 210 °C (th. 7) pendant 10 à 15 minutes selon l'épaisseur du poisson.
- Pendant ce temps, préparer le beurre blanc : ciseler les échalotes et les placer dans une casserole avec le vinaigre. Saler, poivrer. Porter à ébullition et laisser réduire à sec. Ajouter le vin blanc, la crème fraîche et porter à ébullition. Ajouter le beurre fondu hors du feu en fouettant et verser dans le siphon en filtrant.
- Fermer et insérer 1 cartouche de gaz.
- Disposer le poisson dans les assiettes. Bien secouer le siphon et répartir l'espuma.

***Note :** cette sauce peut être remplacée par une sauce achetée dans le commerce que l'on liquéfie avec un peu de crème.*

Velouté crémeux
de topinambours aux huîtres

Espuma de patates douces au curry et Saint-Jacques poêlées

Pour 4 personnes
Facile / Chère
Préparation : 10 minutes
Cuisson : 25 minutes

Ingrédients
- 250 g de patate douce
- 1/2 oignon
- 1 cuil. à soupe d'huile
- 1 cuil. à soupe de pâte de curry douce indienne
- 20 cl de bouillon de poule
- 10 cl de crème fraîche liquide
- 15 cl de lait
- 12 noix de Saint-Jacques
- 1 grosse noix de beurre
- Feuilles de coriandre pour la décoration
- Sel, poivre.

- Éplucher la patate douce et la détailler en cubes. Éplucher l'oignon et l'émincer. Faire chauffer une casserole avec l'huile. Ajouter l'oignon et la pâte de curry. Faire revenir. Ajouter les cubes de patate douce ainsi que le bouillon de poule. Porter à ébullition et laisser cuire à couvert pendant 20 minutes environ. Mixer puis ajouter la crème et le lait tiède. Goûter et rectifier l'assaisonnement. Filtrer en versant dans le siphon. Fermer et insérer 1 ou 2 cartouches de gaz. Bien secouer.
- Parer les noix de Saint-Jacques et les faire revenir rapidement dans une poêle avec le beurre.
- Dresser les noix de Saint-Jacques sur l'assiette et accompagner d'espuma de patate douce au curry. Décorer avec une pluche de coriandre.

Filet de bar, écume coco citronnelle

Pour 4 personnes
Facile / Raisonnable
Préparation : 10 minutes
Cuisson : 22 minutes

Ingrédients
- 500 g de filets de bar
- 10 cl de fumet de poisson
- 2 tiges de citronnelle
- 20 cl de lait de coco
- 10 cl de crème fraîche liquide
- Sel, poivre.

- Parer les filets de poisson et les placer dans un plat allant au four. Saler et poivrer. Mettre au four à 210 °C (th. 7) pendant 10 à 15 minutes selon l'épaisseur des filets.
- Pendant ce temps, faire chauffer le fumet de poisson avec les tiges de citronnelle écrasées. Maintenir l'ébullition pendant 5 minutes. Ajouter le lait de coco et la crème, saler et poivrer. Chauffer à nouveau. Filtrer le mélange en le versant dans le siphon. Fermer et insérer 1 cartouche de gaz. Bien secouer.
- Disposer les filets de poisson dans les assiettes et répartir l'espuma coco citronnelle. Servir de suite.

Espuma
de patates douces
au curry
et Saint-Jacques poêlées

Marmite de Saint-Jacques, lotte et coquillages, sauce mousseuse à l'anis

Pour 4 personnes
Facile / Chère
Préparation : 20 minutes
Cuisson : 20 minutes
Repos : 5 minutes

Ingrédients
- 20 cl de crème fraîche liquide
- 1 anis étoilé
- 200 g de lotte sans peau en 4 morceaux
- 20 cl de fumet de poisson corsé
- 1 échalote
- 1 gousse d'ail
- 1 cuil. à soupe d'huile
- 500 g de moules
- 5 cl de vin blanc sec
- 1 noix de beurre
- 8 noix de Saint-Jacques sans corail
- 1 cuil. à soupe de persil plat ciselé
- Sel, poivre.

- Porter la crème à ébullition et ajouter l'anis étoilé. Laisser infuser à couvert pendant 5 minutes.
- Placer la lotte dans le fumet de poisson et cuire pendant 10 minutes. Retirer le poisson et filtrer le fumet. Maintenir au chaud.
- Éplucher l'échalote et l'ail et les ciseler. Faire chauffer une casserole à feu vif avec l'huile et y faire revenir l'ail et l'échalote. Ajouter les moules et le vin blanc. Cuire 5 minutes. Maintenir au chaud.
- Faire chauffer une poêle à feu vif. Ajouter la noix de beurre et placer les noix de Saint-Jacques. Cuire 2 minutes de chaque côté. Maintenir au chaud.
- Filtrer le jus des moules et en prélever 10 cl. Ajouter 15 cl de fumet de poisson et la crème dont on a retiré l'anis étoilé. Chauffer et verser dans le siphon. Fermer et insérer 1 cartouche de gaz.
- Disposer la lotte, les noix de Saint-Jacques et les moules dans de petites marmites ou cassolettes. Ajouter l'espuma à l'anis étoilé et servir de suite. Parsemer de persil ciselé.

Note : *pour une recette rapide, on peut remplacer les 10 cl de jus des moules et les 15 cl de fumet de poisson par une sauce du commerce dans laquelle on ajoute un peu d'apéritif anisé sans alcool. On peut napper toutes sortes de poissons de ce mélange.*

recette vite fait !

Escargots et espuma de chanterelles

Pour 4 personnes
Facile / Chère
Préparation : 10 minutes
Cuisson : 10 minutes

Ingrédients
- 25 g de chanterelles séchées
- 2 échalotes
- 1 gousse d'ail
- 2 cuil. à soupe de persil + un peu de persil pour la décoration
- 4 douzaines d'escargots en boîte
- 1 noix de beurre
- 10 cl de vin blanc
- 15 cl de crème fraîche liquide
- Sel, poivre.

- Faire tremper les chanterelles dans une grande quantité d'eau froide.
- Éplucher les échalotes et l'ail, puis les ciseler finement. Hacher le persil.
- Égoutter et rincer les escargots. Faire chauffer une poêle à feu vif et ajouter la noix de beurre. Faire sauter les escargots dans le beurre chaud. Ajouter les échalotes, puis 3 minutes plus tard l'ail et le persil.
- Saler et poivrer puis déglacer au vin blanc. Verser dans une passoire et récupérer le jus. Mélanger 10 cl de jus de cuisson à 10 cl de jus de trempage des champignons. Verser dans une casserole et ajouter la crème. Porter à ébullition et verser dans le siphon en filtrant. Fermer et insérer 1 cartouche de gaz.
- Répartir les escargots dans 4 petites cassolettes et ajouter l'espuma. Décorer avec un peu de persil ciselé et servir de suite.

Pâtes au chèvre, roquette et pignons

Pour 4 personnes
Facile / Peu coûteuse
Préparation : 15 minutes
Cuisson : 15 minutes

Ingrédients
- 500 g de pâtes (linguines ou spaghettis)
- 1 crottin de Chavignol
- 10 cl de lait
- 10 cl de crème fraîche liquide
- 4 tomates confites
- 200 g de roquette
- 50 g de pignons de pin
- 2 cuil. à soupe d'huile d'olive
- Sel, poivre.

- Faire chauffer une grande casserole d'eau salée. À ébullition, plonger les pâtes et les faire cuire le temps indiqué sur le paquet.
- Pendant ce temps, couper le crottin de Chavignol en morceaux, ajouter le lait et chauffer pour faire fondre le fromage. Mixer puis ajouter la crème. Chauffer à nouveau puis filtrer en versant dans le siphon. Fermer et insérer 1 cartouche de gaz. Bien secouer.
- Couper les tomates confites en carrés.
- Lorsque les pâtes sont cuites, les égoutter et les dresser dans des assiettes creuses. Parsemer de tomates confites, de roquette, de pignons et d'huile d'olive. Répartir l'espuma au centre, donner un tour de moulin à poivre et servir de suite.

recette coup de cœur

Cappuccino de foie gras à la tête de veau

Pour 4 personnes
Facile / Chère
Préparation : 20 minutes
Cuisson : 1 heure 15 minutes

Ingrédients
- 250 g de tête de veau
- 1 poireau
- 1 oignon épluché et piqué de 2 clous de girofle
- 2 carottes
- 1 feuille de laurier
- Quelques brins de persil,
- 1/2 anis étoilé
- Gros sel
- 10 cl de crème fraîche liquide
- 150 g de foie gras de canard
- Cerfeuil pour la décoration
- Sel, poivre.

- Placer la tête de veau dans un autocuiseur avec le poireau nettoyé, l'oignon, les carottes épluchées et coupées en trois, la feuille de laurier, le persil, l'anis étoilé et du gros sel (ne pas trop saler car le bouillon sera ensuite réduit). Mouiller à hauteur et faire cuire pendant 1 heure à partir de la rotation de la soupape. Égoutter et filtrer le bouillon de cuisson. Couper la tête de veau en cubes et répartir dans les verrines. Réserver au chaud.
- Faire réduire de moitié 50 cl de bouillon de cuisson. Ajouter la crème et porter à ébullition. Ajouter le foie gras et mixer. Goûter et rectifier l'assaisonnement. Verser dans le siphon en filtrant. Fermer et insérer 1 cartouche de gaz. Bien secouer et répartir sur la tête de veau. Décorer avec une pluche de cerfeuil.

Choucroute grillée, espuma de munster et chips de lard

Pour 4 personnes
Facile / Peu coûteuse
Préparation : 15 minutes
Cuisson : 25 minutes

Ingrédients
- 1 noix de beurre
- 300 g de choucroute crue
- 8 tranches de lard paysan
- 15 cl de crème fraîche liquide
- 15 cl de bouillon de légumes
- 50 g de munster fermier
- Sel, poivre.

- Faire chauffer une poêle avec le beurre et faire revenir la choucroute sur feu moyen en remuant souvent.
- Faire griller les tranches de lard pendant 10 minutes environ (selon l'épaisseur) à 180 °C (th. 6).
- Faire chauffer la crème et le bouillon. Ajouter le munster et laisser fondre quelques instants. Mixer puis filtrer en versant dans le siphon. Fermer et insérer 1 cartouche de gaz. Dresser la choucroute en dôme sur une assiette. Bien secouer le siphon et répartir l'espuma sur la choucroute. Décorer avec les tranches de lard paysan grillées.

Millefeuille à la vanille

Pour 4 personnes
Moyenne / Peu coûteuse
Préparation : 25 minutes
Cuisson : 15 minutes
Repos : 2 heures

Feuilletage
- 200 g de pâte feuilletée pur beurre
- 50 g de sucre en poudre.

Crème mousseline
- 1/2 feuille de gélatine
- 15 cl de lait
- 15 cl de crème liquide
- 1/2 gousse de vanille
- 3 jaunes d'œufs
- 3 cuil. à soupe de sucre en poudre
- 50 g de beurre.

- Préparer le feuilletage : étaler la pâte et la détailler en 12 rectangles de 12 cm sur 5 cm. Placer sur une plaque et cuire pendant 12 minutes à 210 °C (th. 7). Cinq minutes avant la fin de la cuisson, parsemer de sucre pour caraméliser.
- Préparer la crème mousseline : faire tremper la feuille de gélatine dans de l'eau froide. Porter à ébullition le lait et la crème. Ajouter la gousse de vanille débarrassée de ses graines ainsi que les graines. Laisser infuser pendant 5 minutes. Filter.
- Mixer les jaunes d'œufs avec le sucre jusqu'à blanchiment.
- Ajouter le mélange lait-crème chaud et verser dans la casserole. Chauffer tout en remuant jusqu'à ce que la crème nappe la cuillère. Ajouter la gélatine pressée puis filtrer. Incorporer le beurre coupé en morceaux à l'aide d'un mixeur plongeant. Laisser refroidir puis remplir le siphon. Fermer et insérer 1 cartouche de gaz. Bien secouer et placer au frais pendant 2 heures.
- Au moment de servir, répartir l'espuma sur 8 rectangles, les superposer deux à deux, et terminer avec un rectangle de pâte. Servir de suite.

Note : *on peut également utiliser cette préparation pour fourrer des macarons en parfumant cette crème de pistache, de fleur d'oranger.*

Nid-d'abeilles aux fruits de la passion

Pour 6 personnes
Facile / Raisonnable
Préparation : 20 minutes
Cuisson : 35 minutes
Repos : 6 heures

Pâte levée
- 250 g de farine
- 1 cuil. à café de levure instantanée
- 3 cuil. à soupe de sucre en poudre
- 10 cl de lait
- 1 œuf
- 100 g de beurre
- Quelques amandes effilées
- Sel.

Crème aux fruits de la passion
- 2 jaunes d'œufs
- 100 g de sucre en poudre
- 15 cl de lait
- 15 cl de jus de fruits de la passion
- 100 g de beurre.

Décor
- Sucre glace.

- Préparer la pâte levée : mélanger 100 g de farine, la levure, le sucre et le lait. Laisser à température ambiante pendant 2 heures.
- Ajouter ensuite le reste de farine, l'œuf, 1 demi-cuillerée à café de sel et pétrir au robot pendant environ 10 minutes. Ajouter le beurre en travaillant la pâte le moins possible. Couvrir et laisser reposer pendant 2 heures. Rompre la pâte pour éliminer les bulles d'air. Ajouter un peu de farine si nécessaire et façonner une galette que l'on dispose dans un moule à tarte de 24 cm de diamètre. Parsemer d'amandes effilées. Couvrir et laisser monter pendant 1 heure. Placer ensuite au four à 150 °C (th. 5) pendant 30 minutes. Démouler et laisser refroidir.
- Préparer la crème aux fruits de la passion : battre les jaunes avec la moitié de sucre et ajouter le lait bouillant. Verser dans une casserole sur feu doux et laisser épaissir tout en remuant. Ajouter le jus de fruits de la passion puis incorporer le beurre en mixant. Verser dans le siphon en filtrant. Fermer et insérer 1 cartouche de gaz. Bien secouer et placer au frais pendant 2 heures.
- Dresser : couper le gâteau en deux dans le sens de l'épaisseur. Bien secouer le siphon et dresser sur la partie inférieure. Recouvrir avec la partie supérieure. Parsemer de sucre glace passé au tamis et servir de suite.

Nems d'abricots à la vanille, sauce crémeuse à la pistache

Pour 4 personnes
Facile / Peu coûteuse
Préparation : 15 minutes
Cuisson : 15 minutes
Repos : 2 heures

Ingrédients
- 1/2 feuille de gélatine
- 3 jaunes d'œufs
- 30 g de sucre en poudre
- 15 cl de lait
- 15 cl de crème fraîche liquide
- 50 g de pâte de pistache
- 1 gousse de vanille
- 1 noix de beurre + 25 g
- 300 g d'abricots bien mûrs
- 2 cuil. à soupe de sucre en poudre
- 4 macarons
- 4 feuilles de brick.

- Faire tremper la feuille de gélatine dans de l'eau froide. Battre les jaunes d'œufs avec le sucre et ajouter le lait bouillant. Verser dans une casserole sur feu doux et laisser épaissir tout en remuant. Ajouter la gélatine pressée. Laisser tiédir puis incorporer la crème fraîche et la pâte de pistache. Mixer et verser dans le siphon en filtrant. Fermer et insérer 1 cartouche de gaz. Bien secouer et placer au frais pendant 2 heures.
- Couper la gousse de vanille en deux dans le sens de la longueur et prélever les graines. Faire chauffer une poêle à feu vif avec une noix de beurre. Ajouter les abricots, les graines de vanille, le sucre et les macarons émiettés.
- Déplier les feuilles de brick et les enduire de beurre fondu. Déposer un peu de compotée d'abricots et rouler comme un nem. Placer au four à 180 °C (th. 6) pendant 10 minutes.
- Servir tiède accompagné d'espuma à la pistache.

Note : *on peut, si on le désire, colorer l'espuma à l'aide de colorant vert.*

Espuma caramel mandarine

Pour 6 personnes
Facile / Peu coûteuse
Préparation : 15 minutes
Cuisson : 5 minutes
Repos : 2 heures

Ingrédients
- 1/2 feuille de gélatine
- 50 g de sucre en poudre
- 15 cl de crème fraîche liquide
- 3 jaunes d'œufs
- 15 cl de lait
- 2 gouttes d'huile essentielle de mandarine bio
- 50 g de crêpes dentelle
- 25 g de banane séchée
- 25 g de praliné.

- Faire tremper la gélatine dans de l'eau froide. Faire un caramel à sec avec le sucre. Lorsqu'il a une belle couleur ambrée, ajouter la crème bouillante tout en remuant. (attention aux projections !). Fouetter les jaunes d'œufs avec le caramel. Ajouter le lait bouillant en continuant à battre. Mettre dans une casserole sur feu doux et laisser épaissir tout en remuant. Ajouter la gélatine pressée et l'huile essentielle. Mixer et laisser refroidir. Verser dans le siphon, fermer et insérer 1 cartouche de gaz. Bien secouer et placer au frais pendant 2 heures.
- Émietter les crêpes dentelle, hacher la banane séchée et faire ramollir le praliné. Bien mélanger l'ensemble. Répartir au fond des verrines et recouvrir de mousse caramel mandarine.

Espuma de crème de whisky et marrons glacés

Pour 6 personnes
Facile / Peu coûteuse
Préparation : 10 minutes
Cuisson : 5 minutes
Repos : 2 heures

Ingrédients
- 20 cl de crème fraîche liquide
- 1,5 cuil. à soupe de café soluble de bonne qualité
- 7,5 cl de crème de whisky
- 50 g de spéculoos
- 75 g de brisures de marrons glacés
- 75 g de crème de marrons.

- Faire chauffer la crème liquide. Ajouter le café soluble et la crème de whisky. Mixer puis verser dans le siphon en filtrant. Insérer 1 cartouche de gaz puis secouer. Laisser au frais pendant 2 heures.
- Répartir les spéculoos émiettés au fond des verrines, parsemer de brisures de marrons et de crème de marrons. Bien secouer le siphon et recouvrir d'espuma. Décorer avec quelques brisures de marron.

Espuma
caramel mandarine

Soupe de fruits rouges et mousse à la verveine

Pour 6 personnes
Facile / Peu coûteuse
Préparation : 15 minutes
Cuisson : 5 minutes
Repos : 16 heures

Ingrédients
- 1 bouquet de verveine fraîche + quelques feuilles pour le décor
- 15 cl de crème fraîche liquide
- 1/2 feuille de gélatine
- 3 jaunes d'œufs
- 30 g + 3 cuil. à soupe de sucre en poudre
- 15 cl de lait
- 2 gouttes de colorant vert
- 300 g de fruits rouges frais ou congelés (fraises, framboises, groseilles, cerises)
- 2 cuil. à soupe de gelée de framboise.

- Hacher finement la verveine et la laisser infuser à froid dans la crème pendant une nuit.
- Le lendemain, faire tremper la feuille de gélatine dans de l'eau froide. Battre les jaunes avec 30 g de sucre et ajouter le lait bouillant. Verser dans une casserole sur feu doux et laisser épaissir tout en remuant. Ajouter la gélatine pressée et le colorant. Laisser tiédir puis incorporer la crème infusée et filtrée. Verser dans le siphon, fermer et insérer 1 cartouche de gaz. Bien secouer et placer au frais pendant 2 heures.
- Laver les fruits rouges et les mélanger avec la gelée de framboise tiédie. Laisser macérer pendant 2 heures au frais.
- Remplir la moitié des verrines de soupe aux fruits rouges puis ajouter l'espuma de verveine. Décorer avec les feuilles de verveine restantes et servir de suite.

Note : *hors saison, utiliser de la verveine séchée.*

Espuma Grand Marnier sur lit de praliné au chocolat

Pour 6 personnes
Facile / Peu coûteuse
Préparation : 15 minutes
Cuisson : 5 minutes
Repos : 2 heures

Ingrédients
- 1/2 feuille de gélatine
- 3 jaunes d'œufs
- 50 g de sucre en poudre
- 15 cl de lait
- 15 cl de crème fraîche liquide + 1 cuil. à soupe
- 2 cuil. à soupe de Grand Marnier
- 25 g de chocolat au lait
- 50 g de crêpes dentelle
- 50 g de praliné noisette + quelques pincées pour la décoration
- Un peu d'orange confite pour la décoration.

- Faire tremper la gélatine dans de l'eau froide. Battre les jaunes d'œufs avec le sucre jusqu'à blanchiment. Ajouter le lait bouillant tout en fouettant. Remettre sur le feu jusqu'à épaississement. Ajouter la feuille de gélatine pressée et bien mélanger. Ajouter la crème puis le Grand Marnier. Mixer et verser dans le siphon. Insérer 1 cartouche de gaz puis secouer. Laisser au frais pendant 1 à 2 heures.
- Faire bouillir le reste de crème et y verser le chocolat. Lorsqu'il est fondu, ajouter les crêpes dentelle émiettées et le praliné noisette. Disposer au fond des verres et répartir par-dessus la mousse au Grand Marnier. Décorer avec un peu de praliné noisette et des dés d'orange confite.

Macarons framboises et espuma violette

Pour 6 personnes
Facile / Raisonnable
Préparation : 25 minutes
Cuisson : 30 minutes
Repos : 2 heures

Espuma à la violette
- 1/2 feuille de gélatine
- 3 jaunes d'œufs
- 50 g de sucre en poudre
- 15 cl de lait
- 15 cl de crème fraîche liquide
- 2 gouttes d'essence de violette.

Macaron
- 125 g de poudre d'amande
- 210 g de sucre glace
- 3 blancs d'œufs vieillis de 3 jours
- 30 g de sucre en poudre
- Une pincée de colorant violet en poudre
- Sel.

Décor
- 125 g de framboises
- Sucre glace.

- Préparer l'espuma à la violette : faire tremper la feuille de gélatine dans de l'eau froide. Battre les jaunes avec le sucre et ajouter le lait bouillant tout en fouettant. Remettre sur le feu jusqu'à épaississement. Ajouter la feuille de gélatine pressée et laisser refroidir. Ajouter la crème liquide et l'essence de violette. Verser dans le siphon et insérer 1 cartouche de gaz. Bien secouer et réserver au frais pendant 2 heures.
- Préparer le macaron : dessiner 2 cercles de 24 cm de diamètre sur du papier cuisson.
- Mixer les amandes et le sucre glace. Tamiser.
- Monter les blancs en neige ferme avec une pincée de sel. Ajouter le sucre en poudre en trois fois tout en continuant à fouetter : les blancs doivent devenir bien brillants. Ajouter le colorant en poudre. Incorporer le mélange sucre glace-amandes délicatement. Mélanger énergiquement à l'aide d'une spatule afin de faire retomber l'appareil, il doit être souple et brillant. Remplir une poche à douille et remplir les cercles sur le papier cuisson.
- Laisser reposer pendant 2 heures à température ambiante et dans une ambiance sèche : la pâte va se dessécher et former une croûte. Cuire à 150 °C (th. 5) pendant 25 minutes. Laisser refroidir.
- Avant de servir, poser un macaron sur un plat de service, répartir l'espuma puis recouvrir de framboises et poser le second macaron. Décorer avec 1 framboise et un peu de sucre glace.

***Note :** les essences de violette sont plus ou moins fortes en goût. Goûter la crème avant de la mettre en siphon.*

Tiramisu au siphon

Pour 6 personnes
Facile / Peu coûteuse
Préparation : 15 minutes
Cuisson : 5 minutes
Repos : 1 heure

Ingrédients
- 3 jaunes d'œufs
- 3 cuil. à soupe de sucre en poudre
- 7,5 cl de lait
- 200 g de mascarpone
- Quelques gouttes d'extrait de vanille
- 75 g de biscuits à la cuiller
- 2 tasses de café expresso
- Cacao en poudre pour la décoration.

- Placer les jaunes d'œufs dans un bol haut et les mixer avec le sucre à l'aide d'un mixeur plongeant jusqu'à blanchiment. Ajouter le lait, le mascarpone, l'extrait de vanille. Bien mixer et verser dans le siphon. Fermer et insérer 1 cartouche de gaz. Placer au frais pendant 1 heure.
- Au moment de servir, tremper les biscuits à la cuiller dans le café chaud. Déposer une couche de biscuits au fond de verrines. Bien secouer le siphon et dresser une première couche de mousse. Alterner ainsi jusqu'à épuisement des ingrédients. Saupoudrer de cacao en poudre et servir de suite.

Note : *on peut ainsi réaliser toutes sortes de tiramisus, au caramel, aux framboises, aux pêches.*

Le dessert « tout Nutella » de Louis

Pour 6 personnes
Facile / Peu coûteuse
Préparation : 10 minutes
Cuisson : 5 minutes
Repos : 2 heures

Ingrédients
- 200 g de Nutella
- 150 g de crème fraîche liquide
- 150 g de lait
- 50 g de crêpes dentelle.

- Placer 150 g de Nutella dans un récipient avec la crème et chauffer légèrement. Mixer puis ajouter le lait. Verser dans le siphon et fermer. Insérer 1 cartouche de gaz et bien secouer. Placer au frais pendant 2 heures.
- Pendant ce temps, mélanger le reste de Nutella avec les crêpes dentelle et répartir au fond de verrines. Ajouter l'espuma de Nutella et servir de suite.

Note : *Louis est un petit camarade de ma fille, fan de Nutella... et de hard rock !*

Tiramisu
au siphon

recette coup de cœur

Mousse aux trois chocolats

Pour 6 personnes
Facile / Peu coûteuse
Préparation : 15 minutes
Cuisson : 5 minutes
Repos : 1 heure

Mousse au chocolat blanc
- 100 g de crème fraîche liquide
- 200 g de chocolat blanc
- 200 g de lait.

Mousse au chocolat noir
- 100 g de crème fraîche liquide
- 100 g de chocolat noir
- 200 g de lait.

Mousse au chocolat au lait
- 100 g de crème fraîche liquide
- 200 g de chocolat au lait
- 200 g de lait.

- Préparer la mousse au chocolat blanc : faire chauffer la crème liquide et ajouter le chocolat blanc coupé en morceaux. Laisser reposer pendant 5 minutes puis mixer. Ajouter le lait. Mixer à nouveau et verser dans le siphon. Fermer et insérer 1 cartouche de gaz. Bien secouer et placer au frais pendant 1 heure.
- Répéter l'opération pour les mousses au chocolat au lait et au chocolat noir. Placer au frais.

Disposer au fond des verrines une couche de chocolat noir, puis de chocolat au lait, puis de chocolat blanc. Servir de suite.

***Note :** je conseille cette verrine lorsque l'on a beaucoup d'invités. On peut emprunter des siphons aux copines !*

Mousse chocolat à la framboise

Pour 6 personnes
Facile / Peu coûteuse
Préparation : 15 minutes
Cuisson : 5 minutes
Repos : 2 heures

Ingrédients
- 10 cl de lait
- 100 g de chocolat noir
- 100 g de coulis de framboises
- 10 cl de crème fraîche liquide
- 50 g de framboises fraîches
- Chocolat râpé pour la décoration.

- Faire bouillir le lait et y verser le chocolat coupé en morceaux. Après 5 minutes, mixer à l'aide d'un mixeur plongeant puis ajouter le coulis de framboises et la crème liquide. Mixer à nouveau et verser dans le siphon. Insérer 1 cartouche de gaz et bien secouer. Placer au frais pendant 2 heures.
- Disposer les framboises fraîches au fond des verrines (en garder 6 pour la décoration) et verser la mousse par-dessus. Décorer avec les framboises et le chocolat râpé.

Note : *cette mousse peut aussi se réaliser avec d'autres coulis de fruits. À défaut de coulis, on peut utiliser un sorbet aux fruits sans morceaux. Il faudra réduire la quantité de sucre. On peut faire les associations suivantes : chocolat-mûre, chocolat au lait-fruits de la passion (il faut ajouter une demi-feuille de gélatine car le chocolat au lait durcit moins que le chocolat noir).*

Mousse chocolat au caramel, pain d'épice et oranges

Pour 6 personnes
Facile / Peu coûteuse
Préparation : 15 minutes
Cuisson : 5 minutes
Repos : 2 heures

Ingrédients
- 100 g de sucre en poudre
- 10 cl de crème fraîche liquide
- 100 g de chocolat noir
- 200 g de lait
- 100 g de pain d'épice
- 50 g d'orange confite
- 1 orange.

- Placer le sucre dans une casserole à feu doux pour faire un caramel à sec. Lorsqu'il a une belle couleur ambrée, ajouter 5 cl de crème bouillante tout en remuant (attention aux projections !). Faire bouillir le reste de crème et incorporer le chocolat en morceaux. Couvrir et laisser fondre pendant 5 minutes. Mélanger vigoureusement puis ajouter le lait et le caramel. Mixer pour obtenir une texture lisse et verser dans le siphon. Fermer et insérer 1 cartouche de gaz. Bien secouer et placer au frais pendant 2 heures.
- Couper le pain d'épice et l'orange confite (en garder quelques cubes pour la décoration) et les disposer au fond des verrines. Presser le jus de l'orange et le verser sur le pain d'épice. Recouvrir de mousse au chocolat au caramel. Décorer avec des cubes d'orange confite et servir de suite.

Mangue rôtie et mousse chocolat blanc-coco

Pour 6 personnes
Facile / Raisonnable
Préparation : 15 minutes
Cuisson : 5 minutes
Repos : 1 heure

Ingrédients
- 10 cl de crème fraîche
- 200 g de chocolat blanc
- 200 g de lait de coco
- 2 mangues
- Une noix de beurre
- 2 cuil. à soupe de sucre en poudre
- Copeaux de noix de coco séchée.

- Faire bouillir la crème et y ajouter le chocolat coupé en morceaux. Après 5 minutes, mixer et ajouter le lait de coco. Mixer à nouveau puis verser dans le siphon. Fermer et insérer 1 cartouche de gaz. Bien secouer et placer au frais pendant 1 heure.
- Peler la mangue, couper le fruit en deux et éliminer le noyau. Couper des tranches puis des cubes que l'on fait revenir dans une poêle chaude avec une noix de beurre. Parsemer de sucre et laisser caraméliser.
- Disposer les cubes de mangue tièdes dans les verrines et recouvrir avec l'espuma chocolat blanc-coco. Décorer avec des copeaux de noix de coco séchée.

***Note :** cette recette peut se réaliser avec toutes sortes de fruits exotiques, ananas, banane, orange.*

Mousse chocolat au caramel, pain d'épice et oranges

Verrine chocolat blanc griottes pistache

Pour 6 personnes
Facile / Peu coûteuse
Préparation : 15 minutes
Cuisson : 5 minutes
Repos : 2 heures

Ingrédients
- 100 g de crème fraîche liquide
- 200 g de chocolat blanc
- 200 g de lait
- 200 g de griottes congelées
- 1/2 cuil. à moka d'agar-agar
- 2 cuil. à soupe de sucre en poudre
- 50 g de crêpes dentelle
- 50 g de pâte de pistache
- Quelques pistaches concassées pour la décoration.

- Faire chauffer la crème liquide et ajouter le chocolat coupé en morceaux. Après 5 minutes, mixer et ajouter le lait. Mixer à nouveau puis verser dans le siphon. Fermer et insérer 1 cartouche de gaz. Bien secouer et placer au frais pendant au moins 2 heures.
- Placer les griottes dans une casserole avec le sucre et l'agar-agar. Porter à ébullition et conserver 4 griottes pour la décoration. Verser au fond des verrines sur une hauteur de 1,5 cm. Laisser prendre au frais.
- Avant de servir, émietter les crêpes dentelle et les mélanger avec la pâte de pistache. Répartir sur la gelée de griottes. Bien secouer le siphon et verser dans les verrines. Décorer avec 1 cerise et des pistaches concassées.

Espuma toffee vodka

Pour 4 personnes
Facile / Peu coûteuse
Préparation : 10 minutes
Cuisson : 5 minutes
Repos : 1 heure

Ingrédients
- 200 g de sucre en poudre
- 15 cl de crème fraîche liquide
- 7,5 cl de vodka
- 80 g de crêpes dentelle émiettées.

- Verser le sucre dans une casserole et placer sur feu doux. Lorsqu'il a une belle couleur ambrée, ajouter la crème bouillante tout en remuant (attention aux projections !). Laisser tiédir puis ajouter la vodka. Filtrer en versant dans le siphon. Fermer et insérer 1 cartouche de gaz. Bien secouer et placer au frais pendant 1 heure.
- Disposer les crêpes dentelle dans de petites coupelles et recouvrir d'espuma. Servir de suite.

Note : *réservé aux adultes uniquement !*

Verrine chocolat blanc
griottes pistache

Verrine tout café

Pour 6 personnes
Facile / Peu coûteuse
Préparation : 10 minutes
Cuisson : 5 minutes
Repos : 1 heure

Ingrédients
- 15 cl de crème fraîche liquide
- 150 g de chocolat blanc
- 1 cuil. à soupe de café soluble
- 20 cl de lait
- 50 g de biscuits à la cuiller
- 1 tasse de café expresso
- 2 cuil. à soupe de liqueur de café (facultatif).

- Faire chauffer la crème liquide. Ajouter le chocolat coupé en morceaux et le café soluble. Après 5 minutes, mixer et ajouter le lait. Mixer à nouveau puis verser dans le siphon. Fermer et insérer 1 cartouche de gaz. Bien secouer et placer au frais pendant au moins 1 heure.
- Disposer les biscuits à la cuiller au fond des verrines. Mélanger le café expresso et la liqueur de café. Arroser les biscuits de ce mélange et répartir l'espuma par-dessus.

Mousse à la framboise

Pour 6 personnes
Facile / Peu coûteuse
Préparation : 15 minutes
Cuisson : 5 minutes
Repos : 1 heure

Ingrédients
- 25 cl de coulis de framboises
- 50 g de sucre en poudre
- 200 g de fromage blanc
- 100 g de crème fraîche liquide.

- Chauffer 15 cl de coulis de framboises pour y dissoudre le sucre. Ajouter le fromage blanc et la crème liquide. Mixer et verser dans le siphon. Fermer et insérer 1 cartouche de gaz. Bien secouer et mettre au frais pendant 1 heure.
- Au moment de servir, verser le coulis restant sur un demi-centimètre dans le fond des verrines. Répartir la mousse.

Note : *cette mousse réalisée en un tour de main est idéale lors d'une invitation improvisée. On prépare la mousse avant le repas et elle peut reposer le temps de manger. On peut utiliser toutes sortes de coulis : fraise, cassis, mangue, fruit de la passion, fruit rouge pourvu qu'ils ne contiennent pas de pépins. On peut également utiliser des sorbets sans morceaux : fruit de la passion, citron vert, framboise.*

Verrine tout café

Crêpes assafiri

Pour 6 personnes
Facile / Peu coûteuse
Préparation : 15 minutes
Cuisson : 5 minutes
Repos : 1 heure

Pâte à crêpes
- 2 œufs
- 100 g de farine
- 25 cl de lait entier
- 50 g de beurre fondu
- Une pincée de sel.

Crème
- 2 cuil. à soupe de sucre en poudre
- 7,5 cl de lait
- 200 g de mascarpone.

Sirop à la fleur d'oranger
- 300 g de sucre en poudre
- 4 cuil. à soupe d'eau de fleur d'oranger.
- Quelques pistaches concassées pour la décoration.

- Préparer la pâte à crêpes : mélanger les ingrédients. Laisser reposer au frais.
- Préparer la crème : dissoudre le sucre dans le lait chaud. Ajouter le mascarpone et mixer. Verser dans le siphon et fermer. Insérer 1 cartouche de gaz et bien secouer. Placer au frais pendant 1 heure.
- Préparer le sirop à la fleur d'oranger : faire bouillir 10 cl d'eau et ajouter le sucre. Porter à ébullition puis laisser refroidir. Ajouter l'eau de fleur d'oranger dans le sirop froid.
- Réaliser de petites crêpes de 8 cm de diamètre.
- Rouler les crêpes en cornet et remplir d'espuma. Déposer sur un plat de service et arroser avec le sirop. Parsemer de pistaches concassées.

Note : *une tentative d'adaptation de mon dessert préféré au restaurant libanais.*

Gelée de litchi et espuma de fruits au cream cheese

Pour 6 personnes
Facile / Peu coûteuse
Préparation : 15 minutes
Cuisson : 5 minutes
Repos : 2 heures

Ingrédients
- 5 cl de crème fraîche liquide
- 2 cuil. à soupe de sucre en poudre
- 1 orange
- 1 citron
- 1 banane
- 100 g de cream cheese
- 150 g de fromage blanc
- 1 boîte de litchis au sirop
- Une pincée d'agar-agar.

- Porter la crème et le sucre à ébullition pour y dissoudre le sucre. Presser le jus de l'orange et du citron puis filtrer. Mixer la crème, la banane, les jus, le cream cheese ramolli et le fromage blanc. Verser dans le siphon, fermer et insérer 1 cartouche de gaz. Bien secouer et placer au frais pendant 2 heures.
- Égoutter les litchis et les couper en petits morceaux. Répartir au fond des verrines sur 2 cm de hauteur (garder quelques morceaux pour la décoration). Mettre le jus dans une casserole avec l'agar-agar et porter à ébullition. Recouvrir les fruits. Placer au frais.
- Au moment de servir, répartir la mousse sur la gelée de litchis et décorer avec un morceau de litchi.

Salade ananas-passion, crème au safran

Pour 6 personnes
Facile / Peu coûteuse
Préparation : 15 minutes
Cuisson : 5 minutes
Repos : 3 heures 10 minutes

Ingrédients
- 1/2 ananas
- 15 cl de coulis de fruits de la passion
- 2 cuil. à soupe de sucre muscovado ou de vergeoise
- 10 cl de crème fraîche liquide
- 1 cuil. à café de safran en filaments
- 2 cuil. à soupe de sucre en poudre
- 200 g de mascarpone
- 7,5 cl de lait
- 6 macarons.

- Éliminer les feuilles et la base de l'ananas. Poser le fruit sur sa base et retirer l'écorce en passant le couteau entre la chair et l'écorce. Couper le fruit en deux et réserver une moitié pour un autre usage. Couper à nouveau en deux et éliminer la partie centrale dure. Couper le fruit en cubes de 2 cm et placer dans un saladier. Ajouter le coulis de fruits de la passion et le sucre muscovado. Laisser macérer pendant 1 heure.
- Faire chauffer la crème et ajouter le safran et le sucre. Laisser infuser pendant 10 minutes. Retirer le safran et mixer avec le mascarpone et le lait jusqu'à obtention d'une texture de coulis. Verser dans le siphon et fermer. Insérer 1 cartouche et bien secouer. Laisser reposer au frais pendant 2 heures.
- Émietter les macarons au fond des verrines. Répartir la salade d'ananas et déposer 1 cuillerée de crème. Décorer avec un filament de safran.

Pêches rôties et espuma de yaourt anisé

Pour 6 personnes
Facile / Peu coûteuse
Préparation : 15 minutes
Cuisson : 5 minutes
Repos : 1 heure 10 minutes

Ingrédients
- 12,5 cl de crème fraîche liquide
- 4 cuil. à soupe de sucre en poudre
- 1 anis étoilé
- 1 cuil. à café de graines d'anis
- 3 yaourts brassés de 125 g chacun
- 6 pêches
- 1 noix de beurre.

- Faire bouillir la crème avec 2 cuillerées à soupe de sucre. Ajouter l'anis étoilé et les graines d'anis écrasées. Laisser infuser pendant 10 minutes environ puis filtrer. Mixer cette préparation avec les yaourts. Verser dans le siphon, fermer et insérer 1 cartouche de gaz. Placer au frais pendant 1 heure.
- Plonger les pêches dans de l'eau bouillante pour retirer la peau. Retirer le noyau et couper en quartiers. Faire chauffer une poêle et ajouter la noix de beurre, les quartiers de pêche et le reste de sucre. Laisser cuire à feu moyen pour caraméliser les fruits. Laisser tiédir.
- Dresser les pêches au fond des verrines et répartir l'espuma. Décorer avec des graines d'anis écrasées.

Crème mascarpone au caramel sur une gelée de pommes à la réglisse

Pour 6 personnes
Facile / Peu coûteuse
Préparation : 15 minutes
Cuisson : 5 minutes
Repos : 1 heure

Ingrédients
- 4 poires
- 2 spirales à la réglisse
- Le jus de 1 citron
- 100 g + 2 cuil. à soupe de sucre en poudre
- Une pincée d'agar-agar
- 10 cl de crème fraîche liquide
- 100 g de lait demi-écrémé
- 150 g de mascarpone.

- Couper les poires en quatre, retirer le cœur et éplucher les quartiers. Couper en dés et placer dans une casserole avec une spirale de réglisse déroulée, le jus de citron, 2 cuillerées à soupe de sucre et l'agar-agar. Cuire à feu doux en remuant pour faire dissoudre la réglisse. Quand les poires sont tendres, retirer la réglisse et répartir les fruits dans les verrines avec un peu de jus. Laisser prendre au réfrigérateur.
- Préparer un caramel à sec avec le reste de sucre. Quand il a une belle couleur ambrée, ajouter la crème bouillante tout en remuant (attention aux projections !). Laisser tiédir puis incorporer au mixeur le lait et le mascarpone. Filtrer et verser dans le siphon. Fermer et insérer 1 cartouche de gaz. Bien secouer et placer au frais pendant 1 heure.
- Répartir cette crème sur les fruits gélifiés et décorer avec une spirale déroulée et coupée finement.

Courge confite à l'orange, espuma d'abricot à l'amaretto

Pour 4 personnes
Facile / Peu coûteuse
Préparation : 15 minutes
Cuisson : 20 minutes
Repos : 2 heures

Ingrédients
- 1 feuille de gélatine
- 25 cl de coulis d'abricots
- 2 cuil. à soupe d'amaretto
- Sirop de sucre (facultatif)
- 300 g de courge muscade
- 1 noix de beurre
- 2 cuil. à soupe de miel
- 1 orange non traitée.

- Préparer l'espuma : faire tremper la feuille de gélatine dans de l'eau froide. Faire chauffer le coulis d'abricots et ajouter la gélatine pressée tout en remuant. Ajouter l'amaretto. Goûter et sucrer si nécessaire avec un peu de sirop de sucre (si l'on utilise du sucre, il peut ne pas se dissoudre et risque de boucher le siphon !). Fermer le siphon et insérer 1 cartouche de gaz. Bien secouer et placer au froid pendant 2 heures.
- Préparer la courge confite : peler, laver la courge et la couper en cubes de 3 cm de côté. Faire chauffer une poêle avec la noix de beurre et faire revenir rapidement à feu vif. Ajouter le miel, le demi-zeste d'orange et 2 cuillerées à soupe de jus d'orange. Baisser le feu et laisser compoter pendant 15 minutes environ. Laisser tiédir puis dresser dans de petites coupelles et servir accompagné d'espuma à l'abricot. Décorer avec des zestes d'orange.

Brownies au chocolat blanc et espuma aux fruits de la passion

Pour 6 personnes
Facile / Raisonnable
Préparation : 20 minutes
Cuisson : 35 minutes
Repos : 2 heures

Espuma aux fruits de la passion
- 15 cl de crème fraîche liquide
- 100 g de sucre en poudre
- 15 cl de pulpe de fruits de la passion.

Brownies
- 150 g de chocolat blanc
- 75 g de beurre + 10 g pour le plat
- 50 g de vergeoise
- 2 cuil. à soupe de farine
- 3 petits œufs
- 50 g d'un mélange de noisettes et de noix
- 1 fruit de la passion pour la décoration
- Sel.

- Préparer l'espuma aux fruits de la passion : faire chauffer la crème et le sucre. Ajouter la pulpe de fruits de la passion. Mixer, goûter. Verser dans le siphon, fermer et insérer 1 cartouche de gaz. Placer au frais pendant 2 heures.
- Préparer les brownies : casser le chocolat et le faire fondre. Ajouter le beurre fondu, la vergeoise, la farine et une pincée de sel. Bien mélanger. Ajouter les œufs un à un, puis les fruits secs grossièrement concassés.
- Beurrer un plat allant au four et y verser la pâte. Placer au four à découvert à 150 °C (th. 5) pendant 30 minutes. Laisser refroidir.
- Couper des cylindres de brownies de la taille des verrines que l'on va utiliser. Placer le brownie au fond et recouvrir d'espuma aux fruits de la passion. Décorer avec de la chair de fruits de la passion.

Table des matières

Dépôt légal 1er trim. 2010 - n° 3 664 - Imprimé en U.E.